农村美好环境与幸福生活共同缔造系列技术指南

村庄道路建设技术指南

住房和城乡建设部村镇建设司　组织

王贵美　周静霞　邓铭庭　编写

U0329953

中国建筑工业出版社

图书在版编目（CIP）数据

村庄道路建设技术指南/住房和城乡建设部村镇建设司组织.
北京：中国建筑工业出版社，2018.12
（农村美好环境与幸福生活共同缔造系列技术指南）
ISBN 978-7-112-23002-0

Ⅰ.①村…　Ⅱ.①住…　Ⅲ.①农村道路—道路工程—中国—
指南　Ⅳ.①U415-62

中国版本图书馆CIP数据核字（2018）第269008号

总　策　划：尚春明
责任编辑：朱晓瑜　石枫华　李　明　李　杰
责任校对：王　烨

农村美好环境与幸福生活共同缔造系列技术指南
村庄道路建设技术指南
住房和城乡建设部村镇建设司　组织
　　　王贵美　周静霞　邓铭庭　编写
＊
中国建筑工业出版社出版、发行（北京海淀三里河路9号）
各地新华书店、建筑书店经销
北京点击世代文化传媒有限公司制版
北京富诚彩色印刷有限公司印刷
＊
开本：850×1168毫米　1/32　印张：1¼　字数：24千字
2019年3月第一版　2019年3月第一次印刷
定价：**15.00**元
ISBN 978-7-112-23002-0
　　　　（33027）

丛书编委会

主　　编：卢英方

副主编：尚春明

编　　委：

前　言

　　加强村庄道路的建设，对于提高农民的生活品质、改善农民生活状况、推动农村经济发展，实现全面小康社会具有重要的意义，也是实施乡村振兴战略的重要要求。

　　依据《乡村振兴战略规划（2018-2022年）》《乡村道路工程技术规范》GB/T 51224—2017，并结合我国乡村的实际情况，特编制《村庄道路建设技术指南》。

　　本书总结了村庄道路的主要类型做法，提出了村庄道路后期维护的意见和建议，以期指导农村管理人员、技术人员和村民更好地进行村庄道路建设，共同缔造农村美好环境和幸福生活。

目　录

一　概述

（一）目的

在党的十九大会议精神的指引和布局下，党中央提出全面建设小康社会，全面繁荣农村经济，实施乡村振兴战略。

建设美丽乡村，全面实施乡村振兴战略，共同缔造美好环境与幸福生活，离不开村庄道路的建设。加强村庄道路的建设，对于提高农民的生活品质、改善农民生活状况，实现全面小康社会有着十分重要的意义，也是实现乡村振兴、建成农村小康社会的必然要求。

布局合理、路面整洁的村庄道路是实施乡村振兴战略、共同缔造美好环境与幸福生活的新亮点，也是国家全面建设小康社会的联络线

（二）原则

　　村庄道路建设，包括村庄内部的日常出行及各类交通运输工具出行的道路建设、各民居之间连接道路的建设以及成片村庄的宅间道路建设。村庄道路的建设应坚持"因地制宜、生态环保、质量安全、经济适用"的原则。

1. 因地制宜

　　我国村庄地形地质条件复杂多样，各地差异巨大。村庄道路建设的线路应以现有道路为框架基础，路基、路面的材料均可以就地取材，在保证安全底线的前提下，各地应因地制宜进行村庄道路建设。

2. 生态环保

　　"绿色"是持续发展的必要条件和人民对美好生活追求的

重要体现。村庄道路建设要全面贯彻绿色发展理念，从村庄道路规划、设计、施工、管理等各环节，遵循生态环保的根本要求，促进村庄道路与生态环境协调发展。

3. 质量安全

质量安全是村庄道路建设的根本，道路结构的安全，是保证道路安全通行的基础，应确保道路使用寿命，提高抗灾能力。从只注重连通向提升质量安全转变，切实加强村庄道路建设项目质量安全管理，促进村庄道路建设转型发展，提高路面等级，完善防汛排水及交通安全设施，增强通行能力，逐步改善农村交通条件。

4. 经济适用

村庄道路建设，不能一刀切，不能只追求形象工程，要经济适用、就地取材、节约投资。

特色明显、环境优美的村庄道路进一步提升了农村美好环境与幸福生活的品质

村庄道路建设中，涉及桥梁、涵洞的建设与改造，应由专业设计单位勘察设计，并由专业施工单位严格按照施工规范要求施工，确保桥梁、涵洞的安全。涉及雨污水管道时，应根据"先下后上"的原则，先预埋管道后做道路施工。同时，对村庄道路建设过程中涉及的各类杆线，应根据实际情况，以安全为前提进行保护实施。

二 村庄道路现存主要问题

　　我国村庄道路现存问题较多，随着乡村振兴战略的不断推进，村庄环境的全面改善，提升村庄道路建设尤为重要。目前，村庄道路建设中普遍存在着道路建设质量不高、路面硬化程度不够、安全保障措施不足、地域特色不够明显等问题。

　　第一，村庄道路建设质量不高，总体发展水平仍较低，通达深度不够，道路技术等级较低、路况差，地区之间的发展不均衡。

第二，村庄道路建设路面硬化程度不够，不利于通行，漫天飞舞的灰尘加重了空气的污染。

第三，村庄道路安全保障措施不足，安全隐患较多。

第四，村庄道路地域的特色不够明显。

三 村庄道路主要类型做法

村庄道路的建设，包括村庄道路的新建、改造和桥梁涵洞的新建、改造。在村庄道路建设过程中，针对不同类型道路的做法应区别对待，同时应规范施工，确保安全。村庄道路建设过程中桥梁和涵洞建设，应由专业设计单位进行勘察设计，并由专业施工单位按照规范严格施工。

▶ （一）村庄道路的主要类型

村庄道路建设中的主要类型有水泥混凝土路面道路、沥青路面道路、块石路面道路、砂碎石路面道路等形式。

1. 水泥混凝土路面道路

水泥混凝土路面道路主要适用于村庄道路的主要干道、要道等道路。

（1）水泥混凝土路面的优点：

1）水稳定性较高，在暴雨及短期浸水条件下，路面可照常通行。

2）温度稳定性高，无车辙现象，平整度的保持期长。

3）在相同的技术和工艺水平下，水泥路面使用年限长。

（2）水泥混凝土路面的缺点：

1）行车舒适性不及沥青路面高，噪声较大。

2）在路基、地基变形或不均匀沉降条件下，易形成脱空，易产生断裂破坏，对路基稳定性要求高，对不均匀沉降的适应性差。

3）路面破损后难于清除，修复难度大，新浇筑路面的养护期较长。

2. 沥青路面道路

沥青路面道路适用于村庄道路的主要干道、次干道及内部道路路面铺设，道路维修方便、噪声小。

（1）沥青路面道路的优点

1）沥青路面行车舒适性好，噪声小。

2）柔沥青路面对路基、地基变形或不均匀沉降的适应性强。

3）沥青路面修复速度快，碾压后即可通车。

（2）沥青路面道路的缺点：

1）耐水性差，宜产生损坏，一个雨季就可能造成路面大量破损。

2）沥青材料的温度稳定性差，冬季易脆裂，夏季易软化。

3）平整度的保持性差，易产生车辙和拥包现象。

3. 块石路面道路

块石路面道路适用于村庄道路的内部行人出行道路、宅间道路及村庄内部小溪的游步道路面铺设。

（1）块石路面道路的优点：

1）块石路面坚固、耐久，清洁、少尘，养护维修较方便。

2）块石路面环境适应性强，就地取材较为方便。

3）块石路面整体形象好，符合农村美好环境的特色建设。

（2）块石路面道路的缺点：

1）手工铺砌，耗工多，施工进度较慢。

2）路面平整度较差，施工工艺要求高。

4. 砂碎石路面道路

在村庄道路建设中，对道路通行率不高、就地取材便捷以及部分资金投入较少的地区，选择建设整洁、安全的砂碎石路面道路，也是因地制宜、经济适用原则的体现。

（1）砂碎石路面道路的优点：

1）砂碎石路面投资少、节省资金。

2）砂碎石路面环境适应性强，就地取材较为方便。

（2）砂碎石路面道路的缺点：

1）道路等级较低，路面较易损坏，道路抗冲刷能力较低。

2）路面平整度较差，需要定期养护。

▶ **（二）道路选线及布置**

（1）村庄道路的选线遵循"因地制宜、生态环保"的原则，合理的道路选线，能够促进农村美好环境的建设。

合理、科学的村庄道路选线，能够提高农村美好环境的品质

（2）充分利用原有的村庄道路框架结构，合理布局村庄道路，对于节约土地资源、集约用地、便捷村庄交通至关重要。村庄道路中的原有道路，路基基础较为稳定，道路路网框架较为固定，也符合村民的交通出行习惯。

充分利用原有的村庄道路框架结构，节约土地资源

（3）我国地域辽阔，村庄分布点多，不同地区的村庄道路形式不尽相同，主要有山区村庄、平原村庄、滨水村庄等形式，这些村庄道路的选线形式有着各自的特点。山区村庄道路的选线要充分考虑路线的安全性，通行的便捷性，施工的可行性；平原村庄道路的选线要充分考虑路线路基路面排水的通畅性，且不得影响现有的农田水利排管系统；滨水村庄道路的选线要考虑滨水空间的利用，结合农村美好环境与幸福生活共同缔造，建设滨水景观带。

（4）村庄道路的横断面：

1）有条件的地区，新建的村庄道路主要干道宜采用双车道布置，采用双车道布置的路面宽度不宜小于6m。

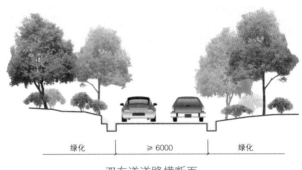

| 绿化 | ≥ 6000 | 绿化 |

双车道道路横断面

2）新建的村庄道路中采用单车道布置时应设置车辆交会过渡带（会车道），会车道的有效长度不宜小于10m，会车道处路基宽度不宜小于6.5m。

3）新建的村庄道路采用单车道的行车道横断面宽度应不宜小于3.5m，土路基宽度不宜小于0.5m。

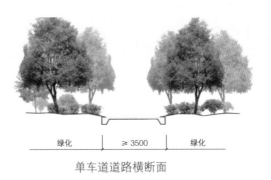

| 绿化 | ≥ 3500 | 绿化 |

单车道道路横断面

4）新建的村庄内宅间道路的宽度宜不小于 3m，应便于行人的出行，有条件的地区根据实际需要可以设置单边行人道。

5）对于有些自然村落内部道路的修建，应该在不破坏原有风貌的前提下，进行道路改造建设，涉及历史文物的应该加以保护。

（三）道路路基与路面做法

1. 路基宽度

随着人民生活水平的不断提高，汽车逐渐进入了普通家庭。村庄道路建设中，有条件的地区，新建的路基宽度双车道路面宽度不宜小于 6.5m，单车道路面宽度不宜小于 4.5m。采用单车道路面的，在一定的距离范围内应设置车辆交会过渡带，保证车辆能够交会通行。

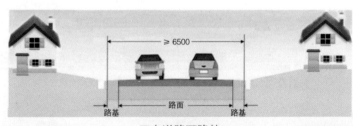

双车道路面路基

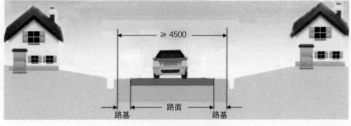

单车道路面路基

2. 路基的形式

村庄道路的路基形式有填方路基、挖方路基、低填浅挖路基等形式。

填方路基是指：道路修筑时有些低洼的地方原地面高程比路基底的高程低需进行土方回填处理。

挖方路基是指：道路修筑时在遇到山体或者高出道路面的时候需要进行挖除处理。

低填浅挖路基是指：道路修筑时同一路段上既有低洼处需要土方回填处理，又有高出路面需要挖除处理。

路基高度设计应使路肩边缘高出两侧地面积水高度，路基的边缘设计标高应高于两侧原地面 0.3m，沿河及受水浸淹的路基边缘设计标高，应考虑潮水位的影响，增加安全高度。

村庄道路路基路面排水应充分利用地形和天然水系及现有的农田水利排灌系统，充分考虑防、排、疏结合，合理设置边沟、排水沟等排水设施。

需要特别指出的是，村庄道路路基施工时，要允分考虑村民院落及住宅室内的地面高度，避免雨水对村民建筑地基造成冲刷，避免雨水过大时流入村民院内和房内。

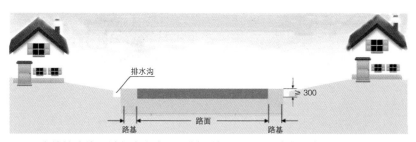

路基的边缘设计标高应高于两侧原地面 0.3m，并充分考虑路面排水

3. 路基的填料与压实

（1）路基的填料应选用级配较好的砾类土、砂类土等粗粒土，填料的最大粒径应小于 150mm，应分层铺筑，均匀压实。不同的路基形式应该采用与之相适应的施工技术、方法及施工机械。

（2）村庄道路不宜大型机械施工，施工时可选择相应的路拌机、压路机、挖掘机、推土机、小型夯实机具、手推洒水车、其他辅助机械和设备等。

4T 二轮压路机

小型挖掘机

手扶小型双钢轮压路机

小型夯实机

（3）村庄道路改造提升首先选择摊铺机摊铺。对于受宽度限制不能使用摊铺机摊铺的路段，可使用人工摊铺，必须控制摊铺的均匀性。

分料　　　　　　　　　　　人工摊铺

（4）对于混合料路基填料的摊铺和压实，应该做到及时拌料、及时摊铺、及时碾压、及时成型，同时做好养生工作。道路摊铺后需用压路机碾压密实，碾压遍数不少于6遍，同时保证无明显钢轮辙痕。

（5）对于施工断面比较狭窄或有障碍物暂时无法清除的地方也可采用小型夯实机或小型手扶式双钢桶压路机进行夯实碾压。

4. 水泥混凝土道路路面

水泥混凝土道路路面可适用于村庄的主要通行要道、支路及地质环境较差道路，特别是山区村庄道路施工中较为适用。

（1）主要机具

施工路段主要配置搅拌机、振动棒、平板振动器、切割机及其他辅助工具。

振动设备

抹面机

切缝机

振捣棒

（2）模板安装

模板高度不得低于混凝土面层板厚度，模板两侧用铁钎打入基层固定，模板底面与基层顶面紧贴，局部低洼处（空隙）事先用水泥砂浆铺平并充分夯实。在模板内侧面均匀涂刷一薄层机油作为隔离剂，以便拆模。

固定模板　　　　　　　　　涂刷隔离剂

（3）混凝土的拌合

施工前应关注天气变化情况，低于5℃时不得施工，下雨天应暂停施工。严格按照施工配合比拌制混凝土，原材料比例必须进行计重称量。搅拌时间应根据搅拌机的性能和拌合物的和易性确定，一般控制在2min。拌合后必须抓紧时间运输和摊铺，超过初凝时间后不得摊铺。

（4）混凝土的摊铺与振捣

1）摊铺

摊铺混凝土前，应对模板的间隔、高度、稳定情况和基层的平整、润湿情况以及钢筋的位置和传力杆装置等进行全面检查。用铁锹摊铺时，应用"扣锹"的方法，严禁抛掷和搂耙，以防止离析。在模板附近摊铺时，用铁锹插捣几下，使灰浆捣出，以免发生蜂窝。

2）振捣

摊铺好的混凝土混合料，用平板振动器或者插入式振捣器振捣，使表面泛浆，赶出气泡，移动的速度要缓慢而均匀。

摊铺　　　　　　　　　　　　振捣

（5）表面抹面成型和压纹处理

抹面成型时，每次要与上次抹过的痕迹重叠一半。在板面低洼处要补充混凝土，并用 3m 直尺检查平整度。抹面结束后，采用人工压纹或压纹机压纹，压纹的深度 0.3cm，间距均匀。

抹面　　　　　　　　　　　　压纹

（6）切缝施工和接缝填缝

混凝土路面浇筑后应进行切缝施工，缝宽应接近 0.5cm，深度应大约 6cm。切缝后，应尽快灌注填缝料。要注意掌握好切割时间，不要过早亦不宜过迟，一般建议在浇筑 1 天后切缝。混凝土板养护期满后应及时填封接缝。填封前必须保持缝内清洁，防止砂石等杂物掉进缝内。常用的填缝方法有灌入沥青橡胶类混合材料。

切缝　　　　　　　　　　　　填缝

（7）养生及拆模

1）保湿养生

润湿期宜用无纺布等覆盖在混凝土终凝后的表面，每天均匀洒水，保持潮湿状态，但注意洒水时不能有水流冲刷。混凝土板在养生期间和填缝前，应禁止车辆通行。

覆盖　　　　　　　　　　　　洒水养生

2）拆模

拆模后不能立即开放交通，只有混凝土板达到设计强度时，才允许开放交通。当遇特殊情况需要提前开放交通时，混凝土板的强度应达到设计强度 80% 以上。

5. 沥青道路路面

沥青路面可适用于平原村庄的主要通行要道、支路及滨水村庄的景观道路；山区村庄道路不宜铺设沥青路面。

（1）村庄道路路面沥青的施工，应做好充分的施工准备，特别是村庄道路的沥青通常采用热拌沥青，其摊铺温度的控制是保证道路路面质量关键控制项目，热拌沥青的摊铺温度应不低于 150℃，摊铺时天气温度应不低于 5℃。冬季路面沥青铺设应做到"快卸、快铺、快平、快压"。

（2）混合料的摊铺

1）村庄道路的改造提升首先选择摊铺机摊铺。对于受宽度限制不能使用摊铺机摊铺的路段，可使用人工摊铺，必须控制摊铺的均匀性。摊铺机的受料斗应涂刷薄层隔离剂或防粘结剂。人工摊铺沥青混合料时需注意以下几方面：

①半幅施工时，路中一侧宜事先设置挡板。

②沥青混合料宜卸在铁板上，摊铺时扣锹布料，不得扬锹远甩。铁锹等工具宜沾防粘结剂或加热使用。

③边摊铺边用刮板整平，刮平时轻重一致，控制次数，严防集料离析。

④摊铺中途无停顿，并加快碾压，各工序做到衔接紧密。如因故不能及时碾压时，应立即停止摊铺，并对已卸下的沥青混合料覆盖苫布保温。

⑤低温施工时，每次卸下的混合料应覆盖苫布保温。

2）摊铺前，首先检查下承层的质量，粘层不足的地方、污染部位及时清理干净并补撒粘层沥青。在监理工程师批准的作业面上摊铺沥青混合料，混合料在摊铺时温度不低于135℃，摊铺速度均匀进行。

3）沥青混合料摊铺时做到以下几点：

①摊铺均匀、缓慢，连续不断地进行；

②沥青混合料的摊铺温度符合规范要求；

③摊铺好的混凝土未经碾压禁止行人、车辆在上走动。

摊铺机摊铺　　　　　　　　　　人工摊铺

（3）混合料的压实

选择合理的压路机组合方式（具体的压实工艺由试验段确定），以达到最佳压实效果，使用小型压路机或人工热夯。

碾压时做到以下几点：

1）压实中严格控制好温度、速度、平整度、压实度、碾压区段长度等"五度"，确保路面外观及内在质量。

2）摊铺后立即碾压，以慢而均匀的速度碾压。碾压路线及方向不应突然改变而导致混合推移。碾压区的长度应大体稳定，两端的折返位置应随摊铺面前进而推进，横向不得在相同的断面上。

3）碾压轮在碾压过程中应保持清洁，有混合料沾轮应立即清除。对钢轮可涂刷隔离剂或防粘结剂，但严禁刷柴油。当采用向碾压轮喷水（可添加少量表面活性剂）的方式时，必须严格控制喷水量且成雾状，不得漫流，以防混合料降温过快。轮胎压路机开始碾压阶段，可适当烘烤、涂刷少量隔离剂或防粘结剂，也可少量喷水，并先到高温区碾压使轮胎尽快升温，之后停止洒水。轮胎压路机轮胎外围宜加设围裙保温。

4）压路机无法压实的边缘位置，采用振动夯板压实。压实机械或运输车辆应经常检修，以防漏油。

5）当天碾压未冷却的沥青混合料面层上禁止停放任何机械设备或车辆，不得散落矿料、油料等杂物。

钢轮碾压（4T）　　　　　钢轮碾压（13T）

（4）接缝的处理

接缝处理做到操作仔细、接缝紧密、连接平顺，不产生明显的接缝离析。

（5）开放交通

摊铺层完全自然冷却，混合料表面温度低于50℃后，方可开放交通，并注意做好养护工作，不得污染路面，同时要限制重车行驶，以免破坏路面。需要提早开放交通时，可洒水冷却降低混合料温度。

6. 块石道路路面

块石道路路面可适用于山区村庄道路，就地取材方便；同时平原村庄的内支路、景观路及滨水村庄的游步道均可铺设块石路面。

（1）村庄块石道路铺设工艺流程为施工准备、砂浆摊铺、路面块石铺贴、整形、灌缝。

（2）施工时对块石的大面进行挑选，保持平整面一致，同时下方水泥砂浆密实。

（3）铺设完毕后需要水泥砂浆进行灌缝施工，灌缝要求不得虚灌，并做好养护。

块石路面的铺设

7.砂碎石道路路面

在村庄道路建设中，对道路通行率不高、就地取材便捷以及部分资金投入较少的地区，选择建设整洁、安全的砂碎石路面村庄道路也是因地制宜、经济适用的原则体现。

（1）砂碎石摊铺时，应适当控制砂碎石粒径的大小，以及大小粒径砂碎石相互掺和的比例，摊铺力求表面平整，并具有规定的路拱。

（2）初碾压时，用双轮压路机碾压3～4遍，使粗碎石稳定就位。在直线路段，由两侧路肩向路中线碾压；在超高路段，由内侧向外侧，逐渐错轮进行碾压。每次重叠1/3轮宽，碾压完第一遍就应再次找平。初压终了时，表面应平整，并具有规定的路拱和纵坡。砂碎石之间宜嵌挤稳定为止。过多碾压将堵塞碎石缝隙，妨碍泥浆灌入。

（3）灌浆及带浆碾压。若砂碎石过干，可先洒水润湿，以利泥浆一次灌透。用中型压路机进行带浆碾压，使泥浆能充分灌满碎石缝隙。次日即进行必要的填补和修整工作。

（4）最终碾压，待表面已干、内部泥浆尚属半湿状态时，可进行最终碾压，一般碾压1～2遍后撒铺一薄层3～5mm石屑并扫匀，然后进行碾压，使碎石缝隙内泥浆能翻到表面，并与所撒石屑粘结成整体。接缝处及路段衔接处，均应妥善处理，保证平整密合。

砂碎石路面道路应加强道路养护，特别是在雨雪天后应及时巡查路况并进行养护，以消除安全隐患。

8. 桥梁和涵洞的建设

村庄道路建设中的桥梁和涵洞建设应在确保安全的前提下，由专业的设计勘察单位进行设计，并由专业的施工单位按照规范严格施工。根据村庄道路所在区域的经济发展需求和预期，按照"安全、实用、经济、美观和环保"的原则进行设计。

（1）村庄道路建设中桥梁结构的选型

1）新建桥梁推荐采用标准跨径、技术成熟、容易施工、经济实用的类型。一般宜修建简支梁桥，基础承载力满足要求可修建拱桥。原有桥梁应根据水文地质条件、交通组成、原桥使用状况等因素确定利用方案。

2）桥涵应考虑农田排灌的需要，靠近村镇、铁路及水利设施的桥梁要适当考虑综合利用，必要时应修建导流构造物或防护构造物。

3）安全是桥梁建设考虑的首要因素，它包括设计时考虑的通行安全、通航安全、结构承载力和基础地质条件的安全及施工过程中所需考虑的施工安全（人的不安全行为、物的不安全状态和管理上的缺陷）和交通安全等。安全性因素在确定桥梁方案、桥梁桥下净空控制、桥面附属安全设施的布设及桥梁基础形式的选择中起主导作用。

4）村庄道路中桥梁形式的选用，除考虑技术、安全要求外，还应充分考虑地域文化特点等因素。我国地域文化较多，各地的差异性较大，各地应将本地的地域文化特点与桥梁的选型结合起来考虑。简支梁桥适用于北方平原村庄，拱桥适用于南方江南水乡文化村庄。

① 简支梁桥Ⅰ形　③ 单孔拱桥
② 简支梁桥Ⅱ形　④ 多孔拱桥

（2）村庄道路建设中桥梁的要求

1）村庄道路中的新建桥涵设计的汽车荷载等级应采用公路—Ⅱ级以上标准（包括公—Ⅱ级）。

2）原有桥梁应本着经济、安全的原则合理利用。

①大中桥应进行专业技术鉴定，达不到荷载等级的可采取加固、部分利用、限载或拆除新建等方案；小桥应对其行车的安全性进行论证，确定是否利用。

②旧桥加宽应采用与原有桥梁相同（或相近）的结构形式、跨径，并以新旧桥共同受力为宜，提倡桥梁加宽与加固同步进行，并达到荷载等级要求。使用状况良好，因经济、技术和其他因素不能加宽、加固的桥梁应设置窄桥或限载标志。

（3）村庄道路建设中涵洞的要求

村庄道路建设中，涉及涵洞建设时，应根据"先下后上"的原则，先进行涵洞的施工，再进行道路的施工。

1）涵洞设置应满足路基排水的要求，涵顶填土应满足最小厚度要求，涵洞类型宜采用圆管涵等经济实用的涵洞形式。涵洞设置应满足路基排水及泄洪要求，充分考虑农田排灌并尽量衔接周围灌溉系统。

2）涵洞类宜根据当地材料采用经济适用、方便施工与养护的结构形式，宜采用盖板涵、圆管涵、拱涵等经济实用的涵洞形式。

3）涵洞进出口工程应完善，涵顶填土应满足最小厚度要求。

4）高斜坡路堤段设置填方涵洞时，须对基底进行可靠处理，保证基础承载力要求，防止涵洞沉降，并做好涵底防水设计。

9.道路施工中的错误做法

砂石道路建设质量不达标，养护不及时

混凝土路面施工后养护不达标，路面起砂现象严重

混凝土路面施工时基层清理不干净，油污使路面完全松散

混凝土道路基层处理不达标，出现基层脱壳，面板悬空

路基质量不达标，导致混凝土道路出现脱壳现象，影响道路安全

块石道路施工不够平整，路边排水沟未设置

桥梁工程质量不合格，存在安全隐患

四 村庄道路周边环境设施

▶ **（一）道路沿线绿化的要求**

（1）村庄道路两侧宜在不影响视距和通行安全的前提下种植绿化。应根据节省土地、适地适树的原则，充分利用村庄道路路肩、边坡等区域进行绿化综合设计。

（2）应结合农村美好环境与幸福生活共同缔造，将道路绿化、人文景观、文化建设融为一体。

▶ **（二）道路沿线设施的要求**

（1）村庄道路边可设置生活垃圾置放点，便于生活垃圾的收集和清运。

（2）村庄道路边可适当放置果壳箱、宣传栏，增加村庄道路的美感和协调度。

（3）村庄道路边增加路灯的安装，有条件的地区可以安装太阳能路灯，既节能又环保。

▶ **（三）常见错误道路沿线的设施布置**

树木遮挡道路转
弯广角镜，影响
驾驶员瞭望视线

道路转弯处未设
置转弯广角镜，
存在安全隐患

居民住宅出入口
未按规定设置限
速慢行标志

五　村庄道路日常管理养护

（1）村庄道路养护管理工作要以工程质量为中心，建立、健全工程质量控制体系，严格检查验收制度，提高投资效益。

（2）养护作业单位要定期进行路况巡查，对发生的自然灾害、道路交通事故、路产损害案件应按有关规定及时上报处理。

（3）有条件的地区，村庄道路的管理维护，可以结合村民治安巡逻队、护林队等村庄社会治安自治组织体系进行综合管理，便于及时发现问题、及时解决问题。

（4）建立本地区村庄道路养护信息数据库，建立路况信息收集管理制度。

总 策 划：尚春明

责任编辑：朱晓瑜　石枫华　李　明　李　杰

建工出版社微信

经销单位：各地新华书店、建筑书店
网络销售：本社网址 http://www.cabp.com.cn
　　　　　中国建筑出版在线 http://www.cabplink.com
　　　　　中国建筑书店 http://www.china-building.com.cn
　　　　　本社淘宝天猫商城 http://zgjzgycbs.tmall.com
　　　　　博库书城 http://www.bookuu.com
图书销售分类：城乡建设·市政工程·环境工程（B10）

ISBN 978-7-112-23002-0

9 787112 230020 >

（33027）定价：15.00 元